चुनी हुई कवि

चुनी हुई कविताएँ

अटल बिहारी वाजपेयी

प्रभात
प्रकाशन

प्रकाशक
प्रभात प्रकाशन प्रा. लि.
4/19 आसफ अली रोड, नई दिल्ली-110002
फोन : 23289777 • हेल्पलाइन नं. : 7827007777
इ-मेल : prabhatbooks@gmail.com ❖ वेब ठिकाना : www.prabhatbooks.com

संस्करण
2023

पेपरबैक मूल्य
दो सौ पचास रुपए

मुद्रक
आर-टेक ऑफसेट प्रिंटर्स, दिल्ली

★

CHUNI HUI KAVITAYEN
(SELECTED POEMS)
by Shri Atal Bihari Vajpayee

Published by **PRABHAT PRAKASHAN PVT. LTD.**
4/19 Asaf Ali Road, New Delhi-110002
ISBN 978-93-5048-163-9

₹ 250.00 (PB)

पूज्य पिताश्री
पं. कृष्ण बिहारी वाजपेयी
की पावन स्मृति में

अपनी बात

कविता मुझे घुट्टी में मिली थी।

मेरे पितामह संस्कृत भाषा तथा साहित्य के अच्छे विद्वान् थे। घर की एक बैठक पुरानी पोथियों से भरी हुई थी। वे जहाँ जाते वहाँ से अच्छी-अच्छी पुस्तकें ले आते थे। ज्योतिष का उनका गहरा अध्ययन था। दूर-दूर से लोग उन्हें जन्मपत्रियाँ दिखाने के लिए लाते थे।

एक बार गाँव का एक लड़का परिवार से रूठकर घर छोड़कर चला गया। कहाँ गया, किसी को पता नहीं था। उसके पिता बेटे की जन्मपत्री लेकर पितामह के पास आ गए। बाबा ने एक मंत्र कागज पर लिखकर दिया। यह हिदायत भी दी कि मंत्र उसके किसी कपड़े में बाँध दिया जाए। दो-तीन दिन बाद वह लड़का जब सचमुच वापस आ गया तो गाँव में बड़ी धूम मची। लेकिन पितामह का ध्यान ज्योतिष से अधिक साहित्य में था।

पिताजी श्री कृष्ण बिहारी वाजपेयी बटेश्वर से आकर ग्वालियर में बस गए थे। उन्होंने बदलते हुए वक्त को देखकर अंग्रेजी का पठन प्रारंभ किया। खड़ीबोली के साथ ब्रजभाषा और अवधी पर भी उनका अच्छा अधिकार था। ब्रजभाषा में लिखी उनकी कविताएँ और सवैये काफी पसंद किए जाते थे। बटेश्वर से ग्वालियर पहुँचकर साहित्य के लिए बड़ा क्षेत्र प्राप्त हुआ। रियासत के मुखपत्र 'जीयाजी प्रताप' में उनकी कविताएँ नियमित रूप से छपती थीं।

जब यह तय हुआ कि ग्वालियर रियासत का अपना गीत होना चाहिए तो यह काम पिताजी को सौंपा गया। गीत ऐसा होना चाहिए

था जो सरलता से गाया जा सके। उसमें सिंधिया परिवार और ग्वालियर रियासत की कीर्ति का गान जरूरी था। पिताजी द्वारा लिखा गीत पूरी रियासत में प्रचलित था। उसका नियमित रूप से गायन होता था। उसकी दो पंक्तियाँ मुझे अभी तक याद हैं—

हम देश, विदेश कहीं भी हों, पर होगा तेरा ध्यान सदा।
तेरा ही पुत्र कहाने में होगा हमको अभिमान सदा॥

पिताजी ने और भी कविताएँ लिखी थीं, किंतु उनके प्रकाशन की ओर ध्यान नहीं दिया। वे इधर-उधर बिखर गईं।

पिताजी की हिंदी और अंग्रेजी के साथ उर्दू पर भी अच्छी पकड़ थी। उन दिनों बच्चों के लिए उर्दू अनिवार्य थी। रियासत में प्रतिवर्ष होनेवाले गणेशोत्सव में पिताजी के भाषण नियमित रूप से होते थे। पिताजी की विद्वत्ता का आकलन इसी से किया जा सकता है कि वे स्वयं मैट्रिक पास होते हुए भी दसवीं कक्षा को पढ़ाते थे। बाद में उन्होंने बी.ए. की परीक्षा पास की। एम.ए. का ज्ञान भी प्राप्त किया। स्कूलों के इंस्पेक्टर के रूप में रिटायर होने के बाद कानून का अध्ययन करने की ठानी।

२५ दिसंबर! पता नहीं कि उस दिन मेरा जन्म क्यों हुआ! बाद में, बड़ा होने पर, मुझे यह बताया गया कि २५ दिसंबर ईसा मसीह का जन्मदिन है, इसलिए बड़े दिन के रूप में मनाया जाता है। मुझे यह भी बताया गया कि जब मैं पैदा हुआ तब पड़ोस के गिरजाघर में ईसा मसीह के जन्मदिन का त्योहार मनाया जा रहा था। कैरोल गाए जा रहे थे। उल्लास का वातावरण था। बच्चों में मिठाई बाँटी जा रही थी।

बाद में मुझे यह भी पता लगा कि बड़ा दिन हिंदू धर्म के उन्नायक पं. मदन मोहन मालवीय का भी जन्मदिन है। मुझे जीवन भर इस बात का अभिमान रहा कि मेरा जन्म ऐसे महापुरुषों के जन्म के दिन ही हुआ।

मुझे यह बात अभी तक अच्छी तरह से याद है कि मेरे पिता श्री

कृष्ण बिहारी वाजपेयी मेरी अँगुली पकड़कर मुझे आर्य समाज के वार्षिकोत्सव में ले जाते थे। उपदेशकों के सस्वर भजन मुझे अच्छे लगते थे। आर्य विद्वानों के उपदेश मुझे प्रभावित करने लगे थे। भजनों और उपदेशों के साथ-साथ स्वतंत्रता संग्राम की बातें भी सुनने को मिलती थीं।

क्या यह एक संयोग मात्र था? क्या इसके पीछे कोई विधान था?

घर में साहित्य-प्रेम का वातावरण था। मैंने भी तुकबंदी शुरू कर दी। मुझे याद है कि मेरी पहली कविता 'ताजमहल' कुछ इस तरह थी—

ताजमहल, यह ताजमहल,
कैसा सुंदर अति सुंदरतर।

किंतु ताजमहल पर लिखी गई यह कविता केवल उसके सौंदर्य तक ही सीमित नहीं थी। कविता उन कारीगरों की व्यथा तक पहुँच गई थी, जिन्होंने पसीना बहाकर, जीवन खपाकर ताजमहल का निर्माण किया था। कविता की अंतिम पंक्तियाँ मुझे अभी तक याद हैं—

जब रोया हिंदुस्तान सकल,
तब बन पाया यह ताजमहल।

निश्चय ही उन दिनों मुझे आर्य विद्वानों के साथ-साथ कम्युनिस्ट क्रांति प्रभावित करने लगी थी। आज जब भी मैं उन दिनों की बात सोचता हूँ, तो अपने अधकचरे मन की तसवीर मेरे सामने खड़ी हो जाती है।

मुख्य रूप से मैंने देशभक्ति से परिपूर्ण कविताएँ लिखी थीं। कवि सम्मेलनों में उनकी माँग थी। लोग उन्हें पसंद करते थे। वीर रस की कविताएँ पसंद की जाती थीं।

कविता के साथ उन दिनों नौजवानों में वक्तृत्व कला की प्रतियोगिताएँ हुआ करती थीं। ओजस्वी कवि श्रोताओं द्वारा पसंद

किए जाते थे। आजादी के आंदोलन से ऐसे नौजवानों को प्रेरणा मिलती थी।

यह उन दिनों की बात है जब मैं विक्टोरिया कॉलेज, ग्वालियर में पढ़ा करता था। पढ़ाई-लिखाई के साथ साहित्य में भी मेरी रुचि थी। मैं कॉलेज में छात्र संघ का पहले प्रधानमंत्री और फिर उपाध्यक्ष चुना गया था। अध्यक्ष उन दिनों कोई प्रोफेसर हुआ करता था। छात्र संघ की जिम्मेदारी थी कि वह वार्षिक उत्सव का आयोजन करे।

मुझे याद है कि छात्र संघ ने एक साल कॉलेज में कवि सम्मेलन करने का फैसला किया। ग्वालियर से बाहर के कवि भी आमंत्रित किए गए थे। यह तय हुआ कि कॉलेज के वार्षिक समारोह में महाकवि निरालाजी को आमंत्रित किया जाए। उन दिनों श्रीमती महादेवी वर्मा तथा श्री सुमित्रानंदन पंत की बड़ी धूम थी। निरालाजी को आमंत्रित करने का काम प्रो. शिवमंगल सिंह 'सुमन' को सौंपा गया। कॉलेज के लिए यह बड़े गौरव का दिन था।

जब हम निरालाजी को रेलवे स्टेशन से उनके ठहरने की जगह ले जा रहे थे, एक ऐसी घटना हुई जो जीवन भर प्रभावित करती रही। हुआ यह कि जब ताँगा उस सड़क से निकला जिसपर महारानी लक्ष्मीबाई स्मृति चिह्न बना हुआ था, तो निरालाजी ने उस वीरांगना को नमन करने के लिए ताँगा थोड़ी देर रुकवा लिया। उनकी नजर लक्ष्मीबाई के स्मारक के निकट बैठी एक निर्धन महिला पर गई। वह महिला सर्दी से अपने को बचाने के प्रयास में लगी थी। जैसे ही निरालाजी की नजर उस महिला के ऊपर गई, तो महाकवि ने अपना कंबल उतारकर उस महिला को ओढ़ा दिया। हम सब यह देखकर दंग रह गए।

निरालाजी के महान् व्यक्तित्व की एक छोटी सी झलक पाकर हम लोग भाव-विभोर हो गए। घर पहुँचने पर हमने निरालाजी के लिए अलग से एक कंबल का प्रबंध किया। लेकिन निरालाजी द्वारा सर्दी से ठिठुरती हुई महिला को कंबल देने की घटना हमारे मानस-

पटल पर सदैव के लिए अंकित हो गई।

विक्टोरिया कॉलेज से संबंधित और एक घटना मुझे याद आ रही है। छात्रसंघ की ओर से रात्रि में कवि सम्मेलन का आयोजन था। प्रतिवर्ष की भाँति उस साल भी स्थानीय कवियों के साथ बाहर से कवियों को भी निमंत्रित किया गया था। विक्टोरिया कॉलेज के प्रिंसिपल प्रो. पियर्स सम्मेलन देखने के लिए स्वयं आए थे। हॉल खचाखच भरा था, लेकिन कुछ कवियों के मंच पर आने में विलंब हो रहा था। वे अवसर के अनुरूप सजने-धजने में लगे हुए थे।

जब ज्यादा देर होने लगी और छात्रों के धैर्य का बाँध टूटने लगा तो मैंने एक साहसपूर्ण निर्णय लिया। मैं मंच पर चला गया और घोषणा कर दी कि कुछ कवियों और शायरों के आने में देर हो रही है, श्रोता अधिक विलंब के लिए तैयार नहीं हैं, इसलिए कविता-पाठ स्थगित किया जाता है। श्रोता अपने घरों के लिए प्रस्थान करें। पूरे सभा-भवन में सन्नाटा छा गया। छात्र कविता के शौकीन थे। कवियों को सुनना चाहते थे। लेकिन कुछ कवियों द्वारा मंच पर आने में अत्यधिक विलंब किए जाने के कारण छात्र बिगड़ गए। तब तक कुछ कवि मंच पर पहुँच चुके थे। वे नौजवानों से अपील कर रहे थे कि वे अब कविता सुनकर ही जाएँ, किंतु छात्रों ने नहीं माना। मेरे यह कहते ही कि अब सम्मेलन भंग किया जाता है, सब छात्र सदन के बाहर चले गए। बाद में फिर जब कभी सम्मेलन होते थे तो कवि समय से आने का ध्यान रखने लगे थे।

मैंने विक्टोरिया कॉलेज, ग्वालियर से स्नातक की परीक्षा पास की थी। आगे पढ़ने का इरादा जरूर था लेकिन साधनों का अभाव था। ग्वालियर की रियासत मेधावी छात्रों को छात्रवृत्ति दिया करती थी। इनमें दक्षिण से आए क्षत्रिय छात्र अधिक होते थे।

मैंने बी.ए. पास करते-करते अच्छा नाम कमा लिया था। मेरे भाषण शौक से सुने जाते। मेरी कविताएँ भी पसंद की जाती थीं। ग्वालियर रियासत में मेरा नाम भी हो गया था। जब उच्च शिक्षा के

छात्रों का चयन होने लगा तो मुझे भी उसमें मौका मिल गया।

ग्वालियर के छात्र आगरा विश्वविद्यालय से संबद्ध होने के कारण कानपुर जाते थे। कानपुर में डी.ए.वी. कॉलेज और सनातन धर्म कॉलेज दोनों का बड़ा नाम था। मैंने डी.ए.वी. कॉलेज में प्रवेश लिया। कॉलेज का भवन काफी विशाल था। छात्रावास में उसके छात्रों के रहने की व्यवस्था सरलता से हो जाती थी। मैंने छात्रावास में रहने का निश्चय किया।

पिताजी ने जब यह सुना तो उनके मन में उच्च शिक्षा प्राप्त करने की जो इच्छा थी, वह फिर जाग्रत् हो गई। उन्होंने ग्वालियर छोड़कर कानपुर के डी.ए.वी. कॉलेज में पढ़ने का फैसला किया। उनके लिए कॉलेज में भरती होना और कानून की पढ़ाई करना बड़ी चर्चा का विषय बना। 'पिता-पुत्र साथ-साथ' इस शीर्षक से अखबारों में खबरें छपीं।

डी.ए.वी. कॉलेज छात्रावास के वे दिन मुझे अभी भी अच्छी तरह याद हैं। पिता और पुत्र एक ही कमरे में रहते थे। पिताजी को हाथ का खाना पसंद था। इससे हमें भी अच्छा खाना मिल जाता था। रोज रात को सोने से पहले दूध निश्चत रूप से मिला करता था। अन्य छात्र दूध के प्रति प्रेम देखकर उसकी चर्चा किया करते थे।

दुग्धपान के संबंध में एक घटना स्मरणीय है। एक रात पं. दीनदयाल उपाध्याय भ्रमण करते हुए मेरे घर ग्वालियर पहुँच गए। मैं घर में नहीं था। पिताजी ने उनका स्वागत-सत्कार किया। रात को जब सोने का वक्त हुआ तो उपाध्यायजी के लिए पिताजी दूध से भरा एक गिलास लेकर पहुँचे। उपाध्यायजी आश्चर्य में पड़ गए। उनको रात में दूध पीने की आदत नहीं थी। पिताजी रात में बिना दूध पिए और पिलाए सो नहीं सकते थे। जिस प्रेम से पिताजी ने अतिथि को दुग्धपान कराया उससे यह छोटी सी घटना दूर-दूर तक फैल गई। जो रात में दूध पीना नहीं चाहते थे, उन्होंने ग्वालियर में मेरे घर पर रुकना बंद कर दिया।

दूध से संबंधित एक और घटना है, जो श्री यज्ञदत्त शर्मा से जुड़ी हुई है। उन्हें दूध पीने का बड़ा शौक था। प्रवास में जहाँ जाते, दूध की फरमाइश किए बिना नहीं रह सकते थे। लेकिन सब जगह दूध का मिलना मुश्किल था। दक्षिण भारत में प्रवास के दौरान एक घर में रात को सोने से पहले एक छोटे से गिलास में दूध पेश किया गया। यज्ञदत्तजी को पूरे पंजाबी गिलास की आदत थी। संकोचवश कुछ बोले नहीं। सुबह पानी बड़े गिलास में आया तो कुछ आशा जगी, शायद रात में दूध भी बड़े गिलास में आएगा, लेकिन दूध फिर उसी छोटे गिलास में लाया गया। सुबह फिर पानी से भरे बड़े गिलास को देखते ही करबद्ध होकर उसको प्रणाम किया और पूछा—भगवन्, आप रात में कहाँ रहते हो? सारा परिवार हँसने लगा। श्री यज्ञदत्त शर्मा का दुग्ध-प्रेम अखिल भारतीय स्वरूप धारण कर बैठा। इस तरह के और भी विनोद व हास्य के प्रसंग चलते रहते थे।

आज बरसों बाद, ऐसी गुदगुदानेवाली घटनाएँ स्मृति-पटल पर उभरकर खड़ी हो जाती हैं।

डी.ए.वी. कॉलेज, कानपुर से एम.ए. करने के पश्चात् मेरे सामने कई रास्ते खुले थे। मैं कानून की शिक्षा पूर्ण कर वकालत कर सकता था। ग्वालियर राज्य मुझे कॉलेज में प्राध्यापक का दायित्व देने के लिए तैयार था। तीसरा रास्ता यह था कि मैं पत्रकारिता के क्षेत्र को अपनाता और कलम के माध्यम से राष्ट्र की सेवा करता। ग्वालियर में प्राध्यापक का पद स्वीकार करने में एक कठिनाई थी। मेरी एम.ए. की पढ़ाई पर राज्य ने जो खर्च किया था, वह धन मुझे लौटाना पड़ता।

यहाँ भविष्य का एक चौथा रास्ता खुलता हुआ दिखाई दिया। राष्ट्रीय स्वयंसेवक संघ पत्रकारिता के जगत् में प्रवेश करना चाहता था। एक नया साप्ताहिक पत्र निकालने की उनकी योजना थी। संघ ने मुझे अपने पत्र में काम करने के लिए बुलाया।

मुझे पत्रकारिता का कोई अनुभव नहीं था। लखनऊ जाकर

संपादन का दायित्व सँभालने की पूरी तैयारी भी नहीं थी। लेकिन यह कठिनाई भी हल हो गई। श्री भाऊराव देवरस ने पूर्ण सहयोग का आश्वासन दिया। सहायता के लिए पं. दीनदयाल उपाध्याय तैयार थे। रीवा के श्री राजीव लोचन अग्निहोत्री साहित्य में रुचि रखते थे। उन्होंने बड़ी खुशी से लखनऊ आकर नए साप्ताहिक पत्र का भार सँभालना स्वीकार कर लिया।

श्री राजीव लोचन अग्निहोत्री और मैं नए पत्र 'राष्ट्रधर्म' को सँभालने के लिए तैयार हो गए। हम दोनों में से किसी को पत्रकारिता का अनुभव नहीं था। किसी विषय पर लेख लिखना सरल है, किंतु किसी नए पत्र के संपादन का भार सँभालना एक चुनौती भरा दायित्व था। प्रूफ पढ़ने से लेकर संपादन तक की जिम्मेदारी उठानी थी।

'राष्ट्रधर्म' के प्रथम अंक का साहित्य जगत् में स्वागत हुआ। हम पत्र के अच्छे स्तर को कायम रखने के लिए सजग थे। 'राष्ट्रधर्म' ने शीघ्र ही एक अच्छे साप्ताहिक के रूप में स्थान ग्रहण कर लिया। पत्र की सफलता देखकर एवं एक और साप्ताहिक पत्र की आवश्यकता को देखकर राष्ट्रधर्म प्रकाशन मंडल ने साप्ताहिक 'पाञ्चजन्य' के प्रकाशन का फैसला किया। थोड़े ही समय में 'पाञ्चजन्य' ने भी पत्रकारिता जगत् में अपना स्थान बना लिया। 'राष्ट्रधर्म' विचार-प्रधान था, 'पाञ्चजन्य' ने प्रचार का मोरचा सँभाला। ऐसे पत्रों की आवश्यकता थी जो राष्ट्रवाद के पोषक हों और जो समाज-जीवन के सभी क्षेत्रों में अपना स्थान बना लें।

'राष्ट्रधर्म', 'पाञ्चजन्य' दोनों पत्रों को कड़ी आलोचना का सामना करना पड़ा था। जो वामपंथी थे वे हमें सांप्रदायिकता की श्रेणी में बिठाने के लिए तुले हुए थे। सांप्रदायिकता क्या है? राष्ट्रीयता का सही मापदंड क्या हो? इन प्रश्नों पर विवाद छिड़ गया। दोनों पत्रों ने अपनी प्रतिष्ठा को बनाए रखा। दोनों पत्र प्रखर राष्ट्रवाद के संबल बन गए।

सरकार नियमों का इस ढंग से पालन कराती थी कि पत्रों का

छपना ही संभव न रहे । जिन दिनों मैं इन पत्रों का संपादन कर रहा था, उनमें प्रेस की स्वतंत्रता पर ऊपर से देखने में कोई अंकुश नहीं था; लेकिन जिन प्रेसों में वे छपे जाते थे उन पर ही ताला जड़ दिया गया। नतीजा यह हुआ कि एक पत्र के बंद होने पर दूसरा पत्र निकालने की होड़ लगी और सरकार के साथ यह आँख-मिचौली का खेल चलता रहा। इस सबका परिणाम यह हुआ कि पत्रकारिता के प्रति प्रतिबद्ध लोग राजनीति में आने के लिए विवश हुए । इस तरह छलावे की नीति से सरकार क्या प्राप्त करने में सफल हुई, इसकी मुझे अभी तक जानकारी नहीं मिली है ।

एक पत्रकार के नाते यह मेरा अनुभव है कि सरकार पत्रों का गला घोंटने का मन बना ले तो उसके तरकस में ऐसे कई तीर आसानी से मिल जाएँगे जो साँप मरे और लाठी भी न टूटे की कहावत को चरितार्थ करें ।

उस समय की परिस्थितियों में एक नया राष्ट्रवादी दल गठित करने का फैसला हुआ। यह एक लंबी कहानी है । नेहरू मंत्रिमंडल से त्यागपत्र देने के बाद डॉ. श्यामा प्रसाद मुखर्जी किसी ऐसे मंच की तलाश में थे जो कांग्रेस सरकार की बढ़ती हुई तानाशाही पर अंकुश लगाने के लिए तैयार हो और जिसके पीछे जनता सहज, स्वाभाविक रूप से खड़ी हो जाए ।

डॉ. मुखर्जी ने सभी मंचों को एक साथ लाने का प्रयास किया। इसमें उन्हें सफलता भी मिली। अनेक दलों को अपनी-अपनी सीमा-रेखाएँ कायम रखते हुए एक सामान्य कार्यक्रम के आधार पर काम करने में कठिनाई नहीं थी ।

देश की राजनीति कितने भागों में बँटी हुई है, इसकी थोड़ी अनुभूति पहले से हो रही थी; किंतु यह देखकर आश्चर्य हुआ कि जो दल देश-निर्माण और सांस्कृतिक निष्ठा से परिचालित थे, उनके लिए भी एक मंच पर आना एक मुश्किल काम था। टुकड़ों में बँटी हुई राजनीति एक संगठित शक्ति की अनुभूति कैसे देगी, यह सवाल

सामने खड़ा था। डॉ. मुखर्जी के नेतृत्व में नेशनल डेमोक्रेटिक फ्रंट का निर्माण इस दिशा में एक ठोस कदम था।

पाँच दशकों से अधिक राजनीतिक यात्रा के बाद भी देश की बँटी हुई राजनीति को जोड़ने की आवश्यकता स्पष्ट दिखाई देती है। जो केवल सत्ता के लिए नहीं अपितु विघटनकारी शक्तियों से लोहा लेकर राष्ट्रीय हितों की रक्षा करने के काम में आगे बढ़ सकें, उनके लिए ऐसे मंच की सार्थकता सदैव रहेगी।

अटल बिहारी वाजपेयी

भारतीय राजनीति के शिखर पुरुष और पूर्व प्रधानमंत्री श्री अटल बिहारी वाजपेयी ओजस्वी कवि और प्रखर वक्ता हैं। राजनीति में सक्रिय रहते हुए भी उनके संवेदनशील और हृदयस्पर्शी भाव कविताओं के रूप में प्रकट होते रहे। उनकी कविताओं ने अपनी विशिष्ट पहचान बनाई और पाठकों द्वारा सराही गईं। उनकी कविताओं में स्वाभिमान, देशानुराग, त्याग, बलिदान, अन्याय के प्रति विद्रोह, आस्था एवं समर्पण का भाव है।

प्रस्तुत काव्य संकलन में संकलित कविताएँ इस मायने में विशिष्ट हैं कि ये स्वयं अटलजी द्वारा चयनित हैं। इनका एक अन्य आकर्षक और विशिष्ट पक्ष है इनका प्रस्तुतिकरण। ये कविताएँ सुंदर और कलात्मक हस्तलिपि में तथा ललित-सुंदर भाव-चित्रों से आकंठ सज्जित हैं। कविताओं में स्थित समस्त भाव अपने चित्रों में इस कलात्मकता एवं कुशलता से रचित हैं कि चित्रों को देखकर ही कविताओं का भाव सहज दृष्टिगत हो जाता है।

इस सुकृत के लिए इन चित्रों और लिपि के शिल्पी प्रतिष्ठित चित्रकार श्री राम कस्तुरे का हार्दिक आभार।

—प्रकाशक

अनुक्रम

चुनी हुई कविताएँ

आओ
मन की
खोलें

आओ मन की गाँठें खोलें

यमुना तट, टीले रेतीले,
घास-फूस का घर डाँडे पर,
गोबर से लीपे आँगन में,
तुलसी का बिरवा, घंटी स्वर,
माँ के मुँह से रामायण के दोहे-चौपाई रस घोलें !
आओ मन की गाँठें खोलें !

बाबा की बैठक में बिछी
चटाई, बाहर रखे खड़ाऊँ,
मिलनेवाले के मन में
असमंजस, जाऊँ या ना जाऊँ ?
माथे तिलक, नाक पर ऐनक, पोथी खुली, स्वयं से बोलें !
आओ मन की गाँठें खोलें !

सरस्वती की देख साधना,
लक्ष्मी ने संबंध न जोड़ा,
मिट्टी ने माथे का चंदन
बनने का संकल्प न छोड़ा,
नए वर्ष की अगवानी में टुक रुक लें, कुछ ताजा हो लें !
आओ मन की गाँठें खोलें !

खुशियां
जो हमेशा हमारा साथ दें

हरी-हरी दूब पर

हरी-हरी दूब पर
ओस की बूँदें
अभी थीं,
अब नहीं हैं।
ऐसी खुशियाँ
जो हमेशा हमारा साथ दें
कभी नहीं थीं,
कभी नहीं हैं।

क्वार की कोख से
फूटा बाल सूर्य,
जब पूरब की गोद में
पाँव फैलाने लगा,
तो मेरी बगीची का
पत्ता-पत्ता जगमगाने लगा,
मैं उगते सूर्य को नमस्कार करूँ
या उसके ताप से भाप बनी,
ओस की बूँदों को ढूँढ़ूँ?

सूर्य एक सत्य है
जिसे झुठलाया नहीं जा सकता
मगर ओस भी तो एक सच्चाई है
यह बात अलग है कि ओस क्षणिक है
क्यों न मैं क्षण-क्षण को जीऊँ ?
कण-कण में बिखरे सौंदर्य को पीऊँ ?

सूर्य तो फिर भी उगेगा,
धूप तो फिर भी खिलेगी,
लेकिन मेरी बगीची की
हरी-हरी दूब पर,
ओस की बूँद
हर मौसम में नहीं मिलेगी।

प्राची में
तरुणिमा की
रेख देख पाता
हूं।

गीत नया गाता हूँ

टूटे हुए तारों से फूटे वासंती स्वर,
पत्थर की छाती में उग आया नव अंकुर,
झरे सब पीले पात,
कोयल की कुहुक रात,
प्राची में अरुणिमा की रेख देख पाता हूँ।
गीत नया गाता हूँ।

टूटे हुए सपने की सुने कौन सिसकी?
अंतर को चीर व्यथा पलकों पर ठिठकी।
हार नहीं मानूँगा,
रार नई ठानूँगा,
काल के कपाल पर लिखता-मिटाता हूँ।
गीत नया गाता हूँ।

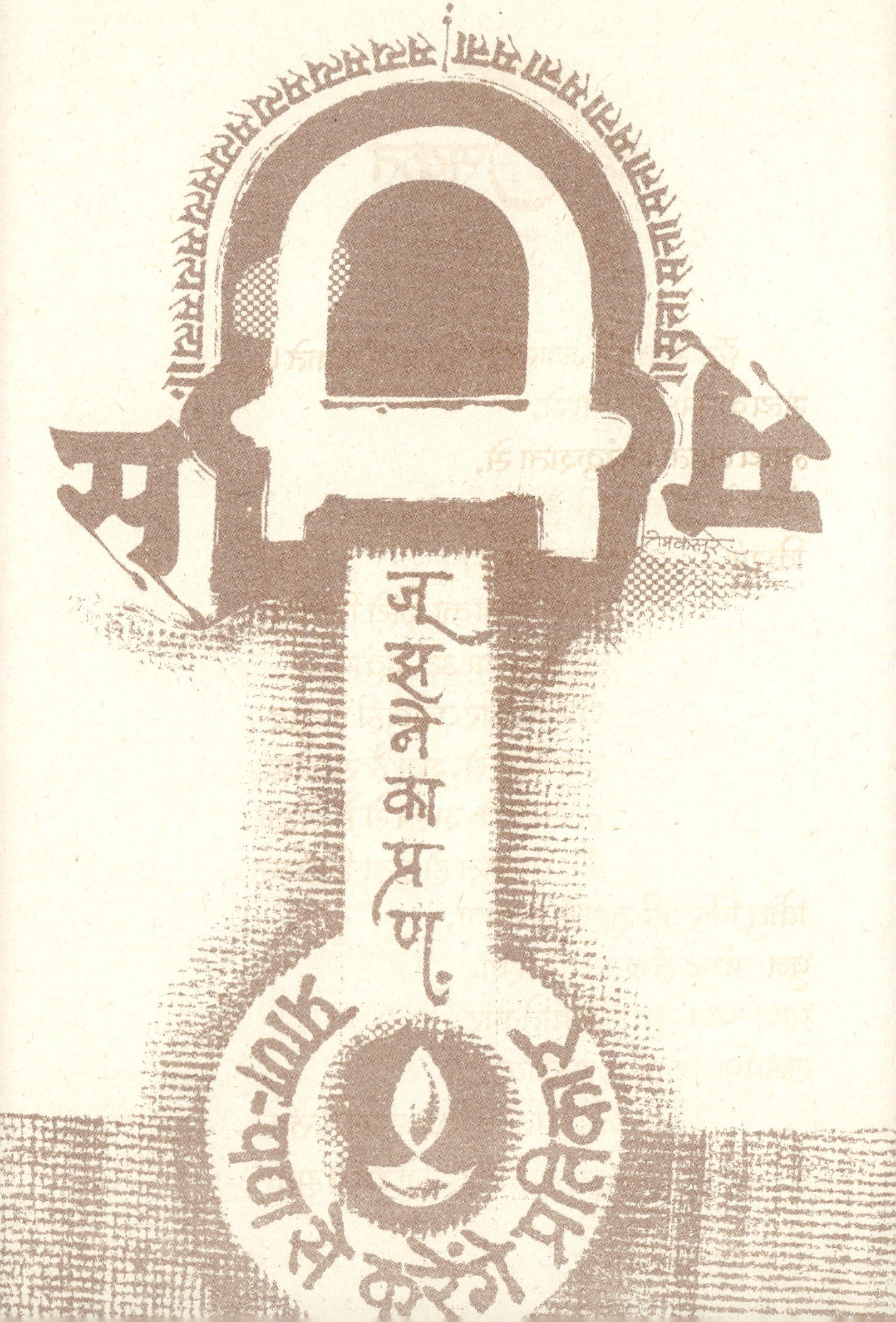
जूझने का प्रण।

झुक नहीं सकते

टूट सकते हैं मगर हम झुक नहीं सकते।
सत्य का संघर्ष सत्ता से,
न्याय लड़ता निरंकुशता से,
अँधेरे ने दी चुनौती है,
किरण अंतिम अस्त होती है।
दीप निष्ठा का लिये निष्कंप,
वज्र टूटे या उठे भूकंप,
यह बराबर का नहीं है युद्ध
हम निहत्थे, शत्रु है सन्नद्ध,
हर तरह के शस्त्र से है सज्ज,
और पशुबल हो उठा निर्लज्ज।
किंतु फिर भी जूझने का प्रण,
पुनः अंगद ने बढ़ाया चरण,
प्राण-पण से करेंगे प्रतिकार,
समर्पण की माँग अस्वीकार।
दाँव पर सबकुछ लगा है, रुक नहीं सकते।
टूट सकते हैं मगर हम झुक नहीं सकते।

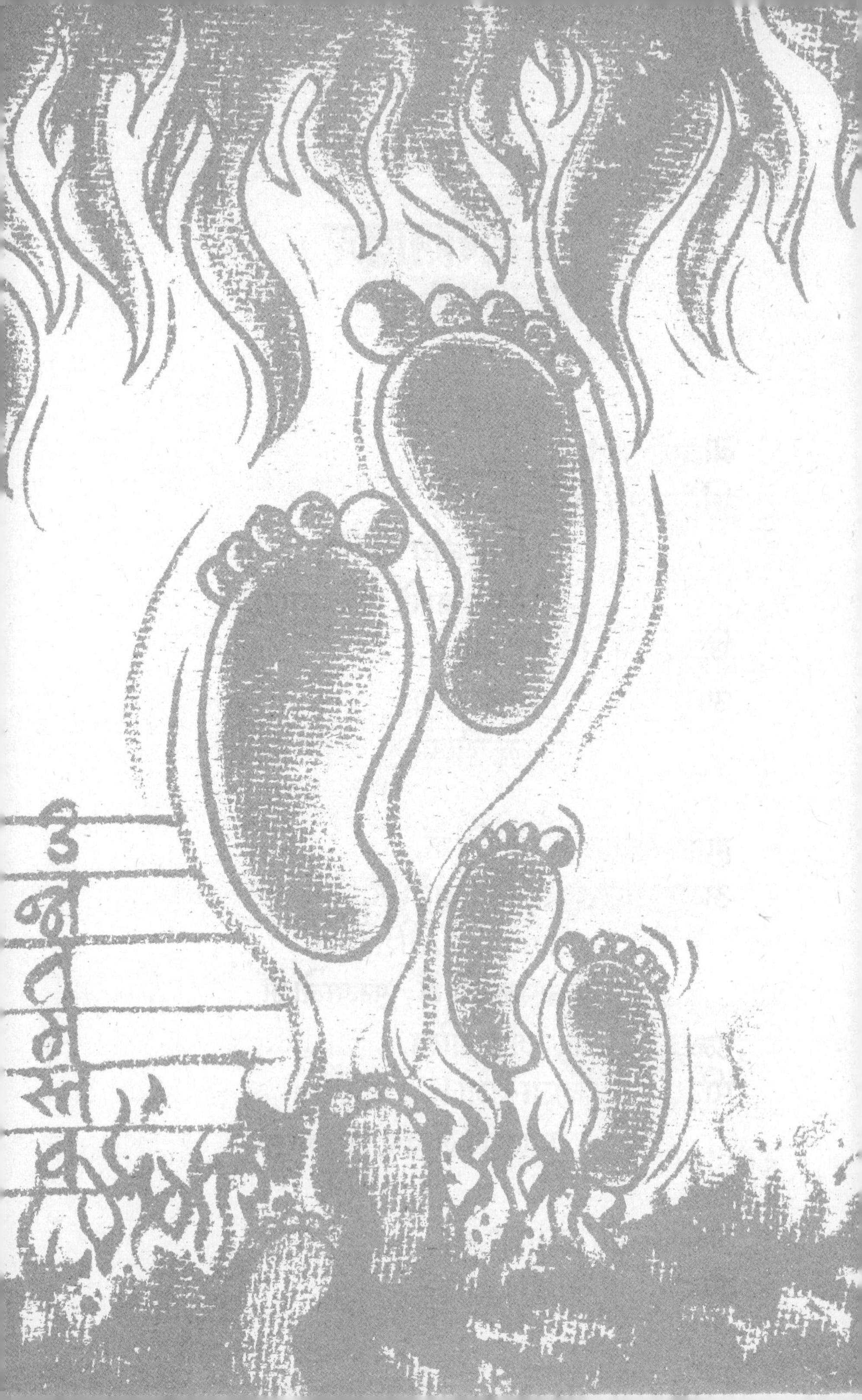

कदम मिलाकर चलना होगा

बाधाएँ आती हैं आएँ,
घिरें प्रलय की घोर घटाएँ,
पाँवों के नीचे अंगारे,
सिर पर बरसें यदि ज्वालाएँ,
निज हाथों से हँसते-हँसते,
आग लगाकर जलना होगा।
कदम मिलाकर चलना होगा।

हास्य-रुदन में, तूफानों में,
अमर असंख्यक बलिदानों में,
उद्यानों में, वीरानों में,
अपमानों में, सम्मानों में
उन्नत मस्तक, उभरा सीना,
पीड़ाओं में पलना होगा!
कदम मिलाकर चलना होगा।

उजियारे में, अंधकार में,
कल कछार में, बीच धार में,

घोर घृणा में, पूत प्यार में,
क्षणिक जीत में, दीर्घ हार में,

जीवन के शत-शत आकर्षक,
अरमानों को दलना होगा।
कदम मिलाकर चलना होगा।

सम्मुख फैला अमर ध्येय-पथ,
प्रगति चिरंतन कैसा इति-अथ,
सुस्मित हर्षित कैसा श्रम श्लथ,
असफल, सफल समान मनोरथ,
सबकुछ देकर कुछ न माँगते,
पावस बनकर ढलना होगा।
कदम मिलाकर चलना होगा।

कुश-काँटों से सज्जित जीवन,
प्रखर प्यार से वंचित यौवन,
नीरवता से मुखरित मधुवन,
पर-हित अर्पित अपना तन-मन,
जीवन को शत-शत आहुति में,
जलना होगा, गलना होगा।
कदम मिलाकर चलना होगा।

शांति

हमें चाहिए शांति, जिंदगी हमको प्यारी हमें चाहिए शांति, विश्व की है पुकार, विश्व शांति के हम साधक हैं। हमें चाहिये शांति, शांति विश्व शांति के पथ साधक हैं।

जंग न होने देंगे

हम जंग न होने देंगे!
विश्व-शांति के हम साधक हैं, जंग न होने देंगे!

कभी न खेतों में फिर खूनी खाद फलेगी,
खलिहानों में नहीं मौत की फसल खिलेगी,
आसमान फिर कभी न अंगारे उगलेगा,
एटम से नागासाकी फिर नहीं जलेगी,
युद्धविहीन विश्व का सपना भंग न होने देंगे।
जंग न होने देंगे।

हथियारों के ढेरों पर जिनका है डेरा,
मुँह में शांति, बगल में बम, धोखे का फेरा,
कफन बेचनेवालों से कह दो चिल्लाकर,
दुनिया जान गई है उनका असली चेहरा,
कामयाब हो उनकी चालें, ढंग न होने देंगे।
जंग न होने देंगे।

हमें चाहिए शांति, जिंदगी हमको प्यारी,
हमें चाहिए शांति, सृजन की है तैयारी,

हमने छेड़ी जंग भूख से, बीमारी से,
आगे आकर हाथ बँटाए दुनिया सारी।
हरी-भरी धरती को खूनी रंग न लेने देंगे।
जंग न होने देंगे।

भारत-पाकिस्तान पड़ोसी, साथ-साथ रहना है,
प्यार करें या वार करें, दोनों को ही सहना है,
तीन बार लड़ चुके लड़ाई, कितना महँगा सौदा,
रूसी बम हो या अमेरिकी, खून एक बहना है।
जो हम पर गुजरी बच्चों के संग न होने देंगे।
जंग न होने देंगे।

शांति

हिरोशिमा की पीड़ा

किसी रात को
मेरी नींद अचानक उचट जाती है,
आँख खुल जाती है,
मैं सोचने लगता हूँ कि
जिन वैज्ञानिकों ने अणु-अस्त्रों का
आविष्कार किया था :
वे हिरोशिमा-नागासाकी के
भीषण नरसंहार के समाचार सुनकर,
रात को सोए कैसे होंगे ?

दाँत में फँसा तिनका,
आँख की किरकिरी,
पाँव में चुभा काँटा,
आँखों की नींद,
मन का चैन उड़ा देते हैं।

सगे-संबंधी की मृत्यु,
किसी प्रिय का न रहना,
परिचित का उठ जाना,

यहाँ तक कि पालतू पशु का भी विछोह
हृदय में इतनी पीड़ा, इतना विषाद भर देता है कि
चेष्टा करने पर भी नींद नहीं आती है।
करवटें बदलते रात गुजर जाती है।

किंतु जिनके आविष्कार से
वह अंतिम अस्त्र बना
जिसने छह अगस्त उन्नीस सौ पैंतालीस की काल-रात्रि को
हिरोशिमा-नागासाकी में मृत्यु का तांडव कर
दो लाख से अधिक लोगों की बलि ले ली,
हजारों को जीवन भर के लिए अपाहिज कर दिया।

क्या उन्हें एक क्षण के लिए सही, यह
अनुभूति हुई कि उनके हाथों जो कुछ
हुआ, अच्छा नहीं हुआ?
यदि हुई, तो वक्त उन्हें कठघरे में खड़ा नहीं करेगा,
किंतु यदि नहीं हुई, तो इतिहास उन्हें कभी
माफ नहीं करेगा।

अपने ही मन से कुछ बोलें

क्या खोया, क्या पाया जग में,
मिलते और बिछड़ते मग में,
मुझे किसी से नहीं शिकायत,
यद्यपि छला गया पग-पग में,
एक दृष्टि बीती पर डालें, यादों की पोटली टटोलें।

पृथिवी लाखों वर्ष पुरानी,
जीवन एक अनंत कहानी,
पर तन की अपनी सीमाएँ,
यद्यपि सौ शरदों की वाणी,
इतना काफी है अंतिम दस्तक पर खुद दरवाजा खोलें।

जन्म-मरण का अविरत फेरा,
जीवन बंजारों का डेरा,
आज यहाँ, कल कहाँ कूच है,
कौन जानता, किधर सवेरा,
अँधियारा आकाश असीमित, प्राणों के पंखों को तौलें।
अपने ही मन से कुछ बोलें!

कौरव कौन कौन पांडव

कौरव कौन
कौन पांडव,
टेढ़ा सवाल है।
दोनों ओर शकुनि
का फैला
कूट-जाल है।
धर्मराज ने छोड़ी नहीं
जुए की लत है।
हर पंचायत में
पांचाली
अपमानित है।
बिना कृष्ण के
आज
महाभारत होना है,
कोई राजा बने
रंक को तो रोना है।

दूध में दरार पड़ गई

खून क्यों सफेद हो गया?
भेद में अभेद खो गया।
बँट गए शहीद, गीत कट गए,
कलेजे में कटार गड़ गई।
दूध में दरार पड़ गई।

खेतों में बारूदी गंध,
टूट गए नानक के छंद,
सतलुज सहम उठी, व्यथित-सी वितस्ता है,
वसंत से बहार झड़ गई।
दूध में दरार पड़ गई।

अपनी ही छाया से बैर,
गले लगने लगे हैं गैर,
खुदकुशी का रास्ता, तुम्हें वतन का वास्ता,
बात बनाएँ, बिगड़ गई।
दूध में दरार पड़ गई।

पहचान

पेड़ के ऊपर चढ़ा आदमी
ऊँचा दिखाई देता है।
जड़ में खड़ा आदमी
नीचा दिखाई देता है।

आदमी न ऊँचा होता है, न नीचा होता है,
न बडा होता है, न छोटा होता है।
आदमी सिर्फ आदमी होता है।

पता नहीं, इस सीधे-सपाट सत्य को
दुनिया क्यों नहीं जानती?
और अगर जानती है,
तो मन से क्यों नहीं मानती?

इससे फर्क नहीं पड़ता
कि आदमी कहाँ खड़ा है?
पथ पर या रथ पर?
तीर पर या प्राचीर पर?

फर्क इससे पड़ता है कि जहाँ खड़ा है,
या जहाँ उसे खड़ा होना पड़ा है,
वहाँ उसका धरातल क्या है ?

हिमालय की चोटी पर पहुँच,
एवरेस्ट-विजय की पताका फहरा,
कोई विजेता यदि ईर्ष्या से दग्ध
अपने साथी से विश्वासघात करे,

तो क्या उसका अपराध
इसलिए क्षम्य हो जाएगा कि
वह एवरेस्ट की ऊँचाई पर हुआ था ?

नहीं, अपराध अपराध ही रहेगा,
हिमालय की सारी धवलता
उस कालिमा को नहीं ढक सकती।

कपड़ों की दूधिया सफेदी जैसे
मन की मलिनता को नहीं छिपा सकती।

किसी संत कवि ने कहा है कि
मनुष्य के ऊपर कोई नहीं होता,
मुझे लगता है कि मनुष्य के ऊपर
उसका मन होता है।

छोटे मन से कोई बड़ा नहीं होता,
टूटे मन से कोई खड़ा नहीं होता।

इसीलिए तो भगवान् कृष्ण को
शस्त्रों से सज्ज, रथ पर चढ़े,
कुरुक्षेत्र के मैदान में खड़े,
अर्जुन को गीता सुनानी पड़ी थी।

मन हारकर, मैदान नहीं जीते जाते,
न मैदान जीतने से मन ही जीते जाते हैं।

चोटी से गिरने से
अधिक चोट लगती है।
अस्थि जुड़ जाती,
पीड़ा मन में सुलगती है।

इसका अर्थ यह नहीं कि
चोटी पर चढ़ने की चुनौती ही न मानें,
इसका अर्थ यह भी नहीं कि
परिस्थिति पर विजय पाने की न ठानें।

आदमी जहाँ है, वहीं खड़ा रहे?
दूसरों की दया के भरोसे पर पड़ा रहे?

जड़ता का नाम जीवन नहीं है,
पलायन पुरोगमन नहीं है।

आदमी को चाहिए कि वह जूझे
परिस्थितियों से लड़े,
एक स्वप्न टूटे तो दूसरा गढ़े।

किंतु कितना भी ऊँचा उठे,
मनुष्यता के स्तर से न गिरे,
अपने धरातल को न छोड़े,
अंतर्यामी से मुँह न मोड़े।

एक पाँव धरती पर रखकर ही
वामन भगवान् ने आकाश-पाताल को जीता था।

धरती ही धारण करती है,
कोई इस पर भार न बने,
मिथ्या अभिमान से न तने।

आदमी की पहचान,
उसके धन या आसन से नहीं होती,
उसके मन से होती है।
मन की फकीरी पर
कुबेर की संपदा भी रोती है।

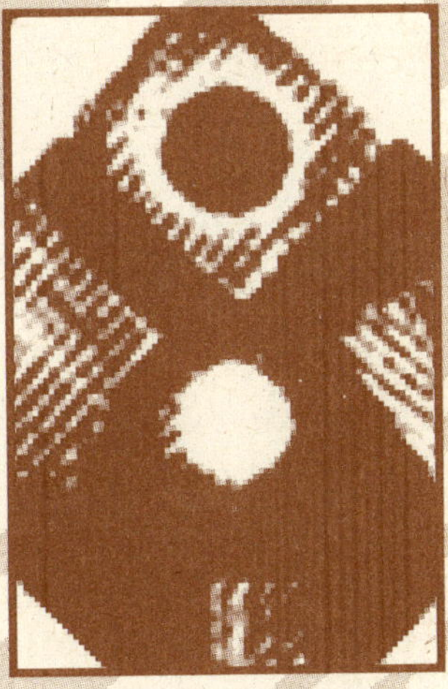

क्षमा-याचना

क्षमा करो बापू! तुम हमको,
वचन भंग के हम अपराधी।
राजधाट को किया अपावन,
मंजिल भूले, यात्रा आधी।

जयप्रकाशजी! रखो भरोसा,
टूटे सपनों को जोड़ेंगे।
चिता-भस्म की चिनगारी से,
अंधकार के गढ़ तोड़ेंगे।

गीत नहीं गाता हूँ

बेनकाब चेहरे हैं,
दाग बड़े गहरे हैं,
टूटता तिलिस्म, आज सच से भय खाता हूँ।
गीत नहीं गाता हूँ।

लगी कुछ ऐसी नजर,
बिखरा शीशे-सा शहर,
अपनों के मेले में मीत नहीं पाता हूँ।
गीत नहीं गाता हूँ।

पीठ में छुरी-सा चाँद,
राहु गया रेखा फाँद,
मुक्ति के क्षणों में बार-बार बँध जाता हूँ।
गीत नहीं गाता हूँ।

स्वयं को
दूसरों की
दृष्टि
से मैं
देख पाता हूँ

न मैं चुप हूँ, न गाता हूँ

सवेरा है, मगर पूरब दिशा में घिर रहे बादल,
रुई से धुँधलके में मील के पत्थर पड़े घायल,
ठिठके पाँव,
ओझल गाँव,
जड़ता है न गतिमयता,
स्वयं को दूसरों की दृष्टि से मैं देख पाता हूँ।
न मैं चुप हूँ, न गाता हूँ।

समय की सर्द साँसों ने चिनारों को झुलस डाला,
मगर हिमपात को देती चुनौती एक द्रुममाला,
बिखरे नीड़,
विहँसी चीड़,
आँसू हैं न मुसकानें,
हिमानी झील के तट पर अकेला गुनगुनाता हूँ।
न मैं चुप हूँ, न गाता हूँ।

जीवन बीत चला

जीवन बीत चला

कल, कल करते, आज
हाथ से निकले सारे,
भूत-भविष्यत् की चिंता में
वर्तमान की बाजी हारे,

पहरा कोई काम न आया
रस-घट रीत चला।
जीवन बीत चला।

हानि-लाभ के पलड़ों में
तुलता जीवन व्यापार हो गया,
मोल लगा बिकनेवाले का
बिना बिका बेकार हो गया,

मुझे हाट में छोड़ अकेला
एक-एक कर मीत चला।
जीवन बीत चला।

राह कौन-सी जाऊँ मैं?

चौराहे पर लुटता चीर,
प्यादे से पिट गया वजीर,
चलूँ आखिरी चाल कि बाजी छोड़ विरक्ति रचाऊँ मैं?
राह कौन-सी जाऊँ मैं?

सपना जनमा और मर गया,
मधु-ऋतु में ही बाग झर गया,
तिनके बिखरे हुए बटोरूँ या नव-सृष्टि सजाऊँ मैं?
राह कौन-सी जाऊँ मैं?

दो दिन मिले उधार में,
घाटे के व्यापार में,
क्षण-क्षण का हिसाब जोड़ूँ या पूँजी शेष लुटाऊँ मैं?
राह कौन-सी जाऊँ मैं?

अक्षय सूरज · अक्षय सूरज · अक्षय सूरज
अखंड धरती · अखंड धरती · अखंड धरती

नए मील का पत्थर

नए मील का पत्थर पार हुआ।

कितने पत्थर शेष न कोई जानता?
अंतिम कौन पड़ाव नहीं पहचानता?
अक्षय सूरज, अखंड धरती,
केवल काया, जीती-मरती,
इसलिए उम्र का बढ़ना भी त्योहार हुआ।
नए मील का पत्थर पार हुआ।

बचपन याद बहुत आता है,
यौवन रस-घट भर लाता है,
बदला मौसम, ढलती छाया,
रिसती गागर, लुटती माया,
सबकुछ दाँव लगाकर घाटे का व्यापार हुआ।
नए मील का पत्थर पार हुआ।

नई गाँठ लगती

जीवन की डोर छोर छूने को मचली,
जाड़े की धूप स्वर्ण-कलशों से फिसली,
अंतर की अमराई
सोई पड़ी शहनाई,
एक दबे दर्द-सी सहसा ही जगती।
नई गाँठ लगती।

दूर नहीं, पास नहीं, मंजिल अजानी,
साँसों के सरगम पर चलने की ठानी,
पानी पर लकीर-सी,
खुली जंजीर-सी।
कोई मृगतृष्णा मुझे बार-बार छलती।
नई गाँठ लगती।

मन में लगी जो गाँठ मुश्किल से खुलती,
दागदार जिंदगी न घाटों पर धुलती,
जैसी की तैसी नहीं,
जैसी है वैसी सही,
कबिरा की चादरिया बड़े भाग मिलती।
नई गाँठ लगती।

राजपथ पर भीड़

अमर है गणतंत्र

(१)

राजपथ पर भीड़, जनपथ पड़ा सूना,
पलटनों का मार्च, होता शोर दूना।
शोर से डूबे हुए स्वाधीनता के स्वर,
रुद्ध वाणी, लेखनी जड़, कसमसाता उर।
भयातंकित भीड़, जन अधिकार वंचित,
बंद न्याय-कपाट, सत्ता अमर्यादित।
लोक का क्षय, व्यक्ति का जयकार होता,
स्वतंत्रता का स्वप्न, रावी तीर रोता।

(२)

रक्त के आँसू बहाने को विवश गणतंत्र,
राजमद ने रौंद डाले मुक्ति के शुभ मंत्र।
क्या इसी दिन के लिए पूर्वज हुए बलिदान?
पीढ़ियाँ जूझीं, सदियों चला अग्नि-स्नान?
स्वतंत्रता के दूसरे संघर्ष का घननाद,
होलिका आपात् की फिर माँगती प्रह्लाद।
अमर है गणतंत्र, कारा के खुलेंगे द्वार,
पुत्र अमृत के न विष से मान सकते हार।

गणतंत्र दिवस, १९७५

धरती से अंबर तक गूँज मुक्ति गीत गया
धरती से अंबर तक गूँज मुक्ति गीत गया

एक बरस बीत गया

एक बरस बीत गया

झुलसाता जेठ मास
शरद चाँदनी उदास
सिसकी भरते सावन का
अंतर्घट रीत गया
एक बरस बात गया।

सींकचों में सिमटा जग
किंतु विकल प्राण विहग
धरती से अंबर तक
गूँज मुक्ति गीत गया,
एक बरस बीत गया।

पथ निहारते नयन
गिनते दिन, पल, छिन
लौट कभी आएगा
मन का जो मीत गया,
एक बरस बीत गया।

रोते-रोते रात सो गई

झुकी न अलकें
झपी न पलकें
सुधियों की बारात खो गई।

दर्द पुराना,
मीत न जाना,
बातों में ही प्रात हो गई।

घुमड़ी बदली,
बूँद न निकली,
बिछुड़न ऐसी व्यथा बो गई।

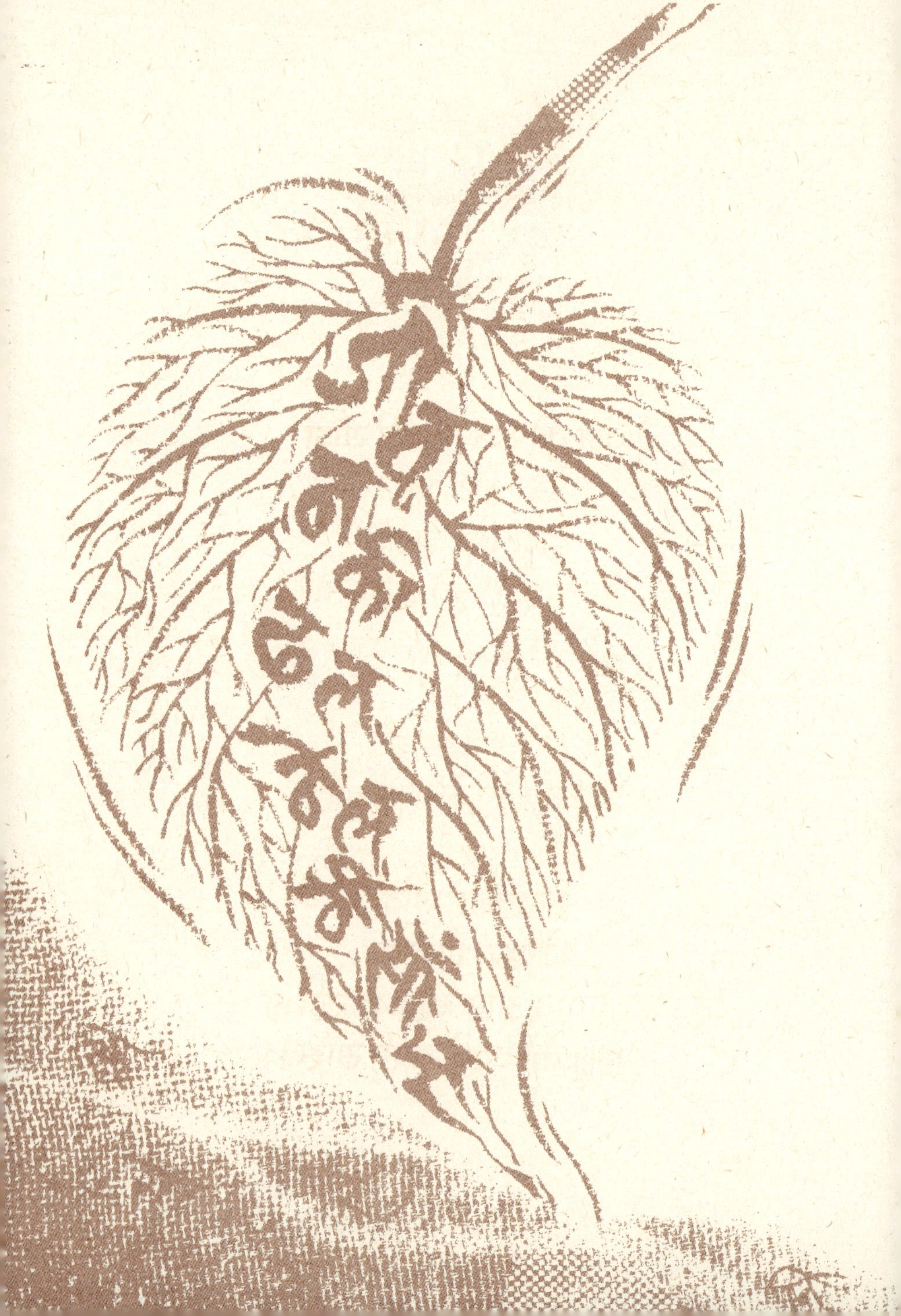

जीवन की ढलने लगी साँझ

जीवन की ढलने लगी साँझ
उमर घट गई
डगर कट गई
जीवन की ढलने लगी साँझ।

बदले हैं अर्थ
शब्द हुए व्यर्थ
शांति बिना खुशियाँ हैं बाँझ।

सपनों से मीत
बिखरा संगीत
ठिठक रहे पाँव और झिझक रही झाँझ।
जीवन की ढलने लगी साँझ।

मैं दीवार पर लिखा
पढ़ सकता हूँ,

मोड़ पर

मुझे दूर का दिखाई देता है,
मैं दीवार पर लिखा पढ़ सकता हूँ,
मगर हाथ की रेखाएँ नहीं पढ़ पाता।

सीमा के पार भड़कते शोले
मुझे दिखाई देते हैं।
पर पाँवों के इर्द-गिर्द फैली गरम राख
नजर नहीं आती।
क्या मैं बूढ़ा हो चला हूँ?

हर पचीस दिसंबर को
जीने की एक नई सीढ़ी चढ़ता हूँ,
नए मोड़ पर
औरों से कम, स्वयं से ज्यादा लड़ता हूँ।

मैं भीड़ को चुप करा देता हूँ,
मगर अपने को जवाब नहीं दे पाता,
मेरा मन मुझे अपनी ही अदालत में खड़ा कर,
जब जिरह करता है,
मेरा हलफनामा मेरे ही खिलाफ पेश करता है,

तो मैं मुकदमा हार जाता हूँ,
अपनी ही नजर में गुनहगार बन जाता हूँ।
तब मुझे कुछ दिखाई नहीं देता,
न दूर का, न पास का,
मेरी उम्र अचानक दस साल बढ़ जाती है,
मैं सचमुच बूढ़ा हो जाता हूँ।

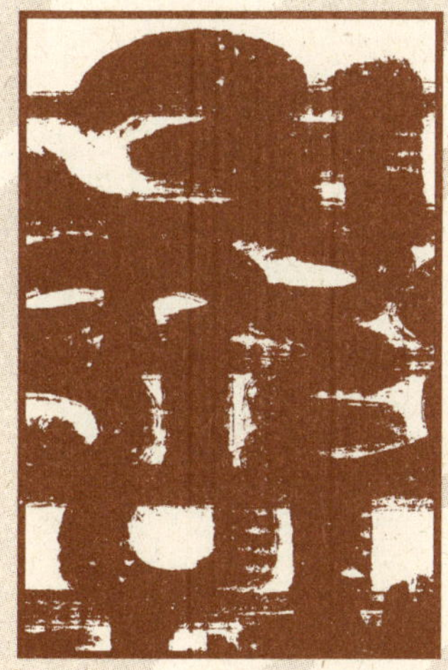

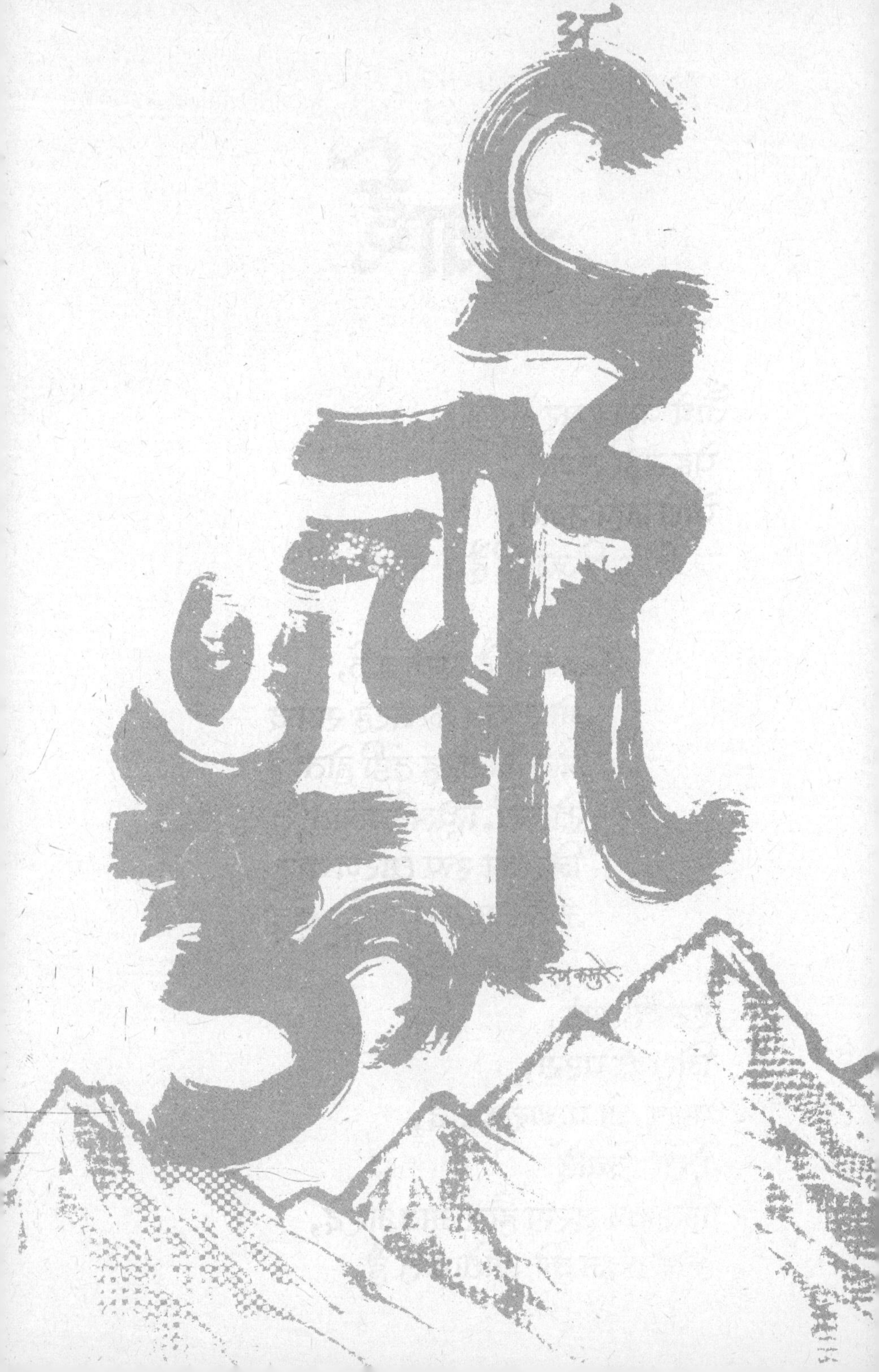

ऊँचाई

ऊँचे पहाड़ पर,
पेड नहीं लगते,
पौधे नहीं उगते,
न घास ही जमती है।

जमती है सिर्फ बर्फ,
जो कफन की तरह सफ़ेद और
मौत की तरह ठंडी होती है।
खेलती, खिलखिलाती नदी,
जिसका रूप धारण कर
अपने भाग्य पर बूँद-बूँद रोती है।

ऐसी ऊँचाई,
जिसका परस,
पानी को पत्थर कर दे,
ऐसी ऊँचाई
जिसका दरस हीन भाव भर दे,
अभिनंदन की अधिकारी है,

आरोहियों के लिए आमंत्रण है,
उस पर झंडे गाड़े जा सकते हैं,
किंतु कोई गौरैया,
वहाँ नीड़ नहीं बना सकती,
न कोई थका-माँदा बटोही,
उसकी छाँव में पल भर पलक ही झपका सकता है।

सच्चाई यह है कि
केवल ऊँचाई ही काफी नहीं होती,
सबसे अलग-थलग
परिवेश से पृथक्,
अपनों से कटा-बँटा,
शून्य में अकेला खड़ा होना,
पहाड़ की महानता नहीं,
मजबूरी है।
ऊँचाई और गहराई में
आकाश-पाताल की दूरी है।

जो जितना ऊँचा,
उतना ही एकाकी होता है,
हर भार को स्वयं ही ढोता है,
चेहरे पर मुसकानें चिपका,
मन-ही-मन रोता है।

जरूरी यह है कि
ऊँचाई के साथ विस्तार भी हो,

जिससे मनुष्य
ठूँठ-सा खड़ा न रहे,
औरों से घुले-मिले,
किसी को साथ ले,
किसी के संग चले।

भीड़ में खो जाना,
यादों में डूब जाना,
स्वयं को भूल जाना,

अस्तित्व को अर्थ,
जीवन को सुगंध देता है।

धरती को बौनों की नहीं,
ऊँचे कद के इनसानों की जरूरत है।
इतने ऊँचे कि आसमान को छू लें,
नए नक्षत्रों में प्रतिभा के बीज बो लें,

किंतु इतने ऊँचे भी नहीं,
कि पाँव तले दूब ही न जमे,
कोई काँटा न चुभे,
कोई कली न खिले।

न वसंत हो, न पतझड़,
हो सिर्फ ऊँचाई का अंधड़,
मात्र अकेलेपन का सन्नाटा।

मेरे प्रभु!
मुझे इतनी ऊँचाई कभी मत देना
गैरों को गले न लगा सकूँ
इतनी रुखाई कभी मत देना।

मनुष्य

गली-ग्राम-पुर-नगर
सजाता है।

अस्तित्व सार्थक है
जीवन सफल है

मन का संतोष

पृथिवी पर
मनुष्य ही ऐसा एक प्राणी है,
जो भीड़ में अकेला, और
अकेले में भीड़ से घिरा अनुभव करता है।

मनुष्य को झुंड में रहना पसंद है।
घर-परिवार से प्रारंभ कर,
वह बस्तियाँ बसाता है।
गली-ग्राम-पुर-नगर सजाता है।

सभ्यता की निष्ठुर दौड़ में,
संस्कृति को पीछे छोड़ता हुआ,
प्रकृति पर विजय,
मृत्यु को मुट्ठी में करना चाहता है।

अपनी रक्षा के लिए
औरों के विनाश के सामान जुटाता है।
आकाश को अभिशप्त,
धरती को निर्वसन,

वायु को विषाक्त,
जल को दूषित करने में संकोच नहीं करता।

किंतु, यह सबकुछ करने के बाद
जब वह एकांत में बैठकर विचार करता है,
वह एकांत, फिर घर का कोना हो,
या कोलाहल से भरा बाजार,
या प्रकाश की गति से तेज उड़ता जहाज,
या कोई वैज्ञानिक प्रयोगशाला,
या मंदिर
या मरघट।

जब वह आत्मालोचन करता है,
मन की परतें खोलता है,
स्वयं से बोलता है,
हानि-लाभ का लेखा-जोखा नहीं,
क्या खोया, क्या पाया का हिसाब भी नहीं,
जब वह पूरी जिंदगी को ही तौलता है,
अपनी कसौटी पर स्वयं को ही कसता है,
निर्ममता से निरखता, परखता है,
तब वह अपने मन से क्या कहता है!
इसी का महत्त्व है, यही उसका सत्य है।

अंतिम यात्रा के अवसर पर,
विदा की वेला में,
जब सबका साथ छूटने लगता है,
शरीर भी साथ नहीं देता,

तब आत्मग्लानि से मुक्त
यदि कोई हाथ उठाकर यह कह सकता है
कि उसने जीवन में जो कुछ किया,
यही समझकर किया,
किसी को जान-बूझकर चोट पहुँचाने के लिए नहीं;
सहज कर्म समझकर किया,
तो उसका अस्तित्व सार्थक है,
उसका जीवन सफल है।

उसी के लिए यह कहावत बनी है,
मन चंगा तो कठौती में गंगाजल है।

मैं
बंद
पर
हूं
राम

मैं सोचने लगता हूँ

तेज़ रफ़्तार से दौड़ती बसें
बसों के पीछे भागते लोग,
बच्चे सम्हालती औरतें,

सड़कों पर इतनी धूल उड़ती है
कि मुझे कुछ दिखाई नहीं देता।
मैं सोचने लगता हूँ।

पुरखे सोचने के लिए आँखें बंद करते थे,
मैं आँखें बंद होने पर सोचता हूँ।

बसें ठिकानों पर क्यों नहीं ठहरतीं?
लोग लाइनों में क्यों नहीं लगते?
आखिर यह भाग-दौड़ कब तक चलेगी?

देश की राजधानी में,
संसद् के सामने,
धूल कब तक उड़ेगी?

मेरी आँखें बंद हैं,
मुझे कुछ दिखाई नहीं देता।
मैं सोचने लगता हूँ।

दूर कहीं कोई रोता है

तन पर पहरा, भटक रहा मन,
साथी है केवल सूनापन,
बिछुड़ गया क्या स्वजन किसी का,
क्रंदन सदा करुण होता है।

जन्म-दिवस पर हम इठलाते,
क्यों न मरण-त्योहार मनाते,
अंतिम यात्रा के अवसर पर,
आँसू का अपशकुन होता है।

अंतर रोए, आँख न रोए,
धुल जाएँगे स्वप्न सँजोए,
छलना भरे विश्व में
केवल सपना ही तो सच होता है।

इस जीवन से मृत्यु भली है,
आतंकित जब गली-गली है।
मैं भी रोता आस-पास जब
कोई कहीं नहीं होता है।
दूर कहीं कोई रोता है।

मौत से ठन गई

ठन गई!
मौत से ठन गई!

जूझने का मेरा कोई इरादा न था,
मोड़ पर मिलेंगे इसका वादा न था,
रास्ता रोककर वह खड़ी हो गई,
यों लगा ज़िंदगी से बड़ी हो गई।

मौत की उम्र क्या? दो पल भी नहीं,
ज़िंदगी-सिलसिला, आज-कल की नहीं,
मैं जी भर जिया, मैं मन से मरूँ,
लौटकर आऊँगा, कूच से क्यों डरूँ?

तू दबे पाँव, चोरी-छिपे से न आ,
सामने वार कर, फिर मुझे आज़मा,
मौत से बेख़बर, ज़िंदगी का सफ़र,
शाम हर सुरमई, रात बंसी का स्वर।

बात ऐसी नहीं कि कोई ग़म ही नहीं,
दर्द अपने-पराए कुछ कम भी नहीं।

प्यार इतना परायों से मुझको मिला,
न अपनों से बाकी है कोई गिला।

हर चुनौती से दो हाथ मैंने किए,
आँधियों में जलाए हैं बुझते दिए,
आज झकझोरता तेज तूफान है,
नाव भँवरों की बाँहों में मेहमान है।

पार पाने का कायम मगर हौसला,
देख तूफाँ का तेवर तरी तन गई,
मौत से ठन गई।

अंतिम
जय

आओ फिर से दिया जलाएँ

भरी दुपहरी में अँधियारा,
सूरज परछाईं से हारा,
अंतरतम का नेह निचोड़ें बुझी हुई बाती सुलगाएँ।
आओ फिर से दिया जलाएँ।

हम पड़ाव को समझे मंजिल,
लक्ष्य हुआ आँखों से ओझल,
वर्तमान के मोहजाल में आनेवाला कल न भुलाएँ।
आओ फिर से दिया जलाएँ।

आहुति बाकी, यज्ञ अधूरा,
अपनों के विघ्नों ने घेरा,
अंतिम जय का वज्र बनाने, नव दधीचि हड्डियाँ गलाएँ।
आओ फिर से दिया जलाएँ।

यक्ष प्रश्न

जो कल थे,
वे आज नहीं हैं।
जो आज हैं,
वे कल नहीं होंगे।
होने, न होने का क्रम,
इसी तरह चलता रहेगा,
हम हैं, हम रहेंगे,
यह भ्रम भी सदा पलता रहेगा।
सत्य क्या है?
होना या न होना?
या दोनों ही सत्य हैं?
जो है, उसका होना सत्य है,
जो नहीं है, उसका न होना सत्य है।
मुझे लगता है कि
होना-न-होना एक ही सत्य के
दो आयाम हैं,
शेष सब समझ का फेर,
बुद्धि के व्यायाम हैं।

किंतु न होने के बाद क्या होता है,
यह प्रश्न अनुत्तरित है।
प्रत्येक नया नचिकेता,
इस प्रश्न की खोज में लगा है।
सभी साधकों को इस प्रश्न ने ठगा है।
शायद यह प्रश्न प्रश्न ही रहेगा।
यदि कुछ प्रश्न अनुत्तरित रहें
तो इसमें बुराई क्या है?
हाँ, खोज का सिलसिला न रुके,
धर्म की अनुभूति,
विज्ञान का अनुसंधान,
एक दिन, अवश्य ही
रुद्ध द्वार खोलेगा।
प्रश्न पूछने के बजाय
यक्ष स्वयं उत्तर बोलेगा।

॥ वेदमंत्र ॥
गूँज उठी गीता की वाणी

अमर आग है

कोटि-कोटि आकुल हृदयों में
सुलग रही है जो चिनगारी,
अमर आग है, अमर आग है।

उत्तर दिशि में अजित दुर्ग-सा
जागरूक प्रहरी युग-युग का,
मूर्तिमंत स्थैर्य, धीरता की प्रतिमा-सा
अटल अडिग नगपति विशाल है।

नभ की छाती को छूता-सा
कीर्ति-पुंज सा,
दिव्य दीपकों के प्रकाश में—
झिलमिल-झिलमिल—
ज्योतित माँ का पूज्य भाल है।

कौन कह रहा उसे हिमालय?
वह तो हिमावृत्त ज्वालागिरि,
अणु-अणु, कण-कण, गह्वर कंदर
गुंजित ध्वनित कर रहा अब तक
डिम-डिम डमरू का भैरव स्वर।

गौरीशंकर के गिरि-गह्वर
शैल-शिखर, निर्झर, वन-उपवन
तरु तृण-दीपित।

शंकर के तीसरे नयन की–
प्रलय-वह्नि जगमग ज्योतित।
जिसको छूकर,
क्षण भर ही में
काम रह गया था मुट्ठी भर।

यही आग ले प्रतिदिन प्राची
अपना अरुण सुहाग सजाती,
और प्रखर दिनकर की
कंचन काया,
इसी आग में पलकर
निशि-निशि, दिन-दिन
जल-जल, प्रतिपल
सृष्टि-प्रलय-पर्यंत समावृत
जगती को रास्ता दिखाती।

यही आग ले हिंद महासागर की
छाती है धधकाती।
लहर-लहर प्रज्वाल लपट बन
पूर्व-पश्चिमी घाटों को छू,
सदियों की हतभाग्य निशा में
सोए शिलाखंड सुलगाती।

नयन-नयन में यही आग ले
कंठ-कंठ में प्रलय राग ले,
अब तक हिंदुस्तान जिया है।

इसी आग की दिव्य विभा में,
सप्त-सिंधु के कल कछार पर,
सुर-सरिता की धवल धार पर
तीर-तटों पर,
पर्णकुटी में, पर्णासन पर
कोटि-कोटि ऋषियों-मुनियों ने
दिव्य ज्ञान का सोम पिया था।

जिसका कुछ उच्छिष्ट मात्र
बर्बर पश्चिम ने,
दया दान-सा,
निज जीवन को सफल मानकर,
कर पसारकर,
सिर-आँखों पर धार लिया था।

वेद-वेद के मंत्र-मंत्र में
मंत्र-मंत्र की पंक्ति-पंक्ति में
पंक्ति-पंक्ति के शब्द-शब्द में,
शब्द-शब्द के अक्षर स्वर में,
दिव्य ज्ञान-आलोक प्रदीपित,
सत्यं शिवं सुंदरम् शोभित,

कपिल, कणाद और जैमिनि की
स्वानुभूति का अमर प्रकाशन,
विशद-विवेचन, प्रत्यालोचन,

ब्रह्म, जगत्, माया का दर्शन।
कोटि-कोटि कंठों में गूँजा
जो अतिमंगलमय स्वर्गिक स्वर,
अमर राग है, अमर आग है।
कोटि-कोटि आकुल हृदयों में
सुलग रही है जो चिनगारी
अमर आग है, अमर आग है।

यही आग सरयू के तट पर
दशरथजी के राजमहल में,
घन-समूह में चल चपला-सी,
प्रगट हुई प्रज्वलित हुई थी।

दैत्य-दानवों के अधर्म से
पीड़ित पुण्यभूमि का जन-जन,
शंकित मन-मन,
त्रसित विप्र,

आकुल मुनिवर-गण,
बोल रही अधर्म की तूती
दुस्तर हुआ धर्म का पालन।

तब स्वदेश-रक्षार्थ देश का
सोया क्षत्रियत्व जागा था।
राम-रूप में प्रगट हुई यह ज्वाला,
जिसने
असुर जलाए
देश बचाया,
वाल्मीकि ने जिसको गाया।

चकाचौंध दुनिया ने देखी
सीता के सतीत्व की ज्वाला,
विश्व चकित रह गया देखकर
नारी की रक्षा-निमित्त जब
नर क्या वानर ने भी अपना
महाकाल की बलि-वेदी पर,
अगणित होकर
सस्मित हर्षित शीश चढ़ाया।

यही आग प्रज्वलित हुई थी—
यमुना की आकुल आहों से,
अत्याचार-प्रपीड़ित ब्रज के
अश्रु-सिंधु में बड़वानल बन—
कौन सह सका माँ का क्रंदन?

दीन देवकी ने कारा में
सुलगाई थी यही आग, जो
कृष्ण-रूप में फूट पड़ी थी।
जिसको छूकर
माँ के कर की कड़ियाँ,
पग की लड़ियाँ
चट-चट टूट पड़ी थीं।

पाञ्चजन्य का भैरव स्वर सुन
तड़प उठा आक्रुद्ध सुदर्शन,
अर्जुन का गांडीव,
भीम की गदा,
धर्म का धर्म डट गया,
अमर भूमि में,
समर भूमि में,
धर्म भूमि में,
कर्म भूमि में,
गूँज उठी गीता की वाणी,
मंगलमय जन-जन कल्याणी।

अपढ़, अजान विश्व ने पाई
शीश झुकाकर एक धरोहर।
कौन दार्शनिक दे पाया है
अब तक ऐसा जीवन-दर्शन?

कालिंदी के कल कछार पर
कृष्ण-कंठ से गूँजा जो स्वर
अमर राग है, अमर राग है।

कोटि-कोटि आकुल हृदयों में
सुलग रही है जो चिनगारी,
अमर आग है, अमर आग है।

माँ पृथिवी

पृथिवी माँ
और हम उसके
पुत्र हैं।

सत्ता

मासूम बच्चों,
बूढ़ी औरतों,
जवान मर्दों
की लाशों के ढेर पर चढ़कर
जो सत्ता के सिंहासन तक पहुँचना चाहते हैं
उनसे मेरा एक सवाल है —
　　　　　　क्या मरनेवालों के साथ
　　　　　　उनका कोई रिश्ता न था?
न सही धर्म का नाता
क्या धरती का भी संबंध नहीं था?
'पृथिवी माँ और हम उसके पुत्र हैं।'*
अथर्ववेद का यह मंत्र
क्या सिर्फ जपने के लिए है,
जीने के लिए नहीं?
　　　　　　आग में जले बच्चे,
　　　　　　वासना की शिकार औरतें,
　　　　　　राख में बदले घर

---

* माताभूमिः पुत्रोऽहं पृथिव्याः। अथर्ववेद, १२:१:१२

न सभ्यता का प्रमाण-पत्र हैं,
न देशभक्ति का तमगा,
वे यदि घोषणा-पत्र हैं तो पशुता का,
प्रमाण हैं तो पतितावस्था का,
ऐसे कपूतों से
माँ का निपूती रहना ही अच्छा था।
निर्दोष रक्त से सनी राजगद्दी
श्मशान की धूल से भी गिरी है,
सत्ता की अनियंत्रित भूख
रक्त-पिपासा से भी बुरी है।
पाँच हज़ार साल की संस्कृति—
गर्व करें या रोएँ?
स्वार्थ की दौड़ में
कहीं आजादी फिर से न खोएँ।

माँ

दो चतुष्पदी

वही मंजिल
वही कमरा
वही खिड़की
वही पहरा

राज बदला
ताज बदला
पर नहीं
समाज बदला।

सत्य
शिव
सुंदर

अंतर्द्वंद्व

क्या सत्य है, क्या शिव, क्या सुंदर ?

शव का अर्चन,
शिव का वर्जन,
कहूँ विसंगति या रूपांतर ?

वैभव दूना,
अंतर सूना,
कहूँ प्रगति या प्रतिस्थलांतर ?

मात्र संक्रमण ?
या नव सर्जन ?
स्वस्ति कहूँ या रहूँ निरुत्तर ?

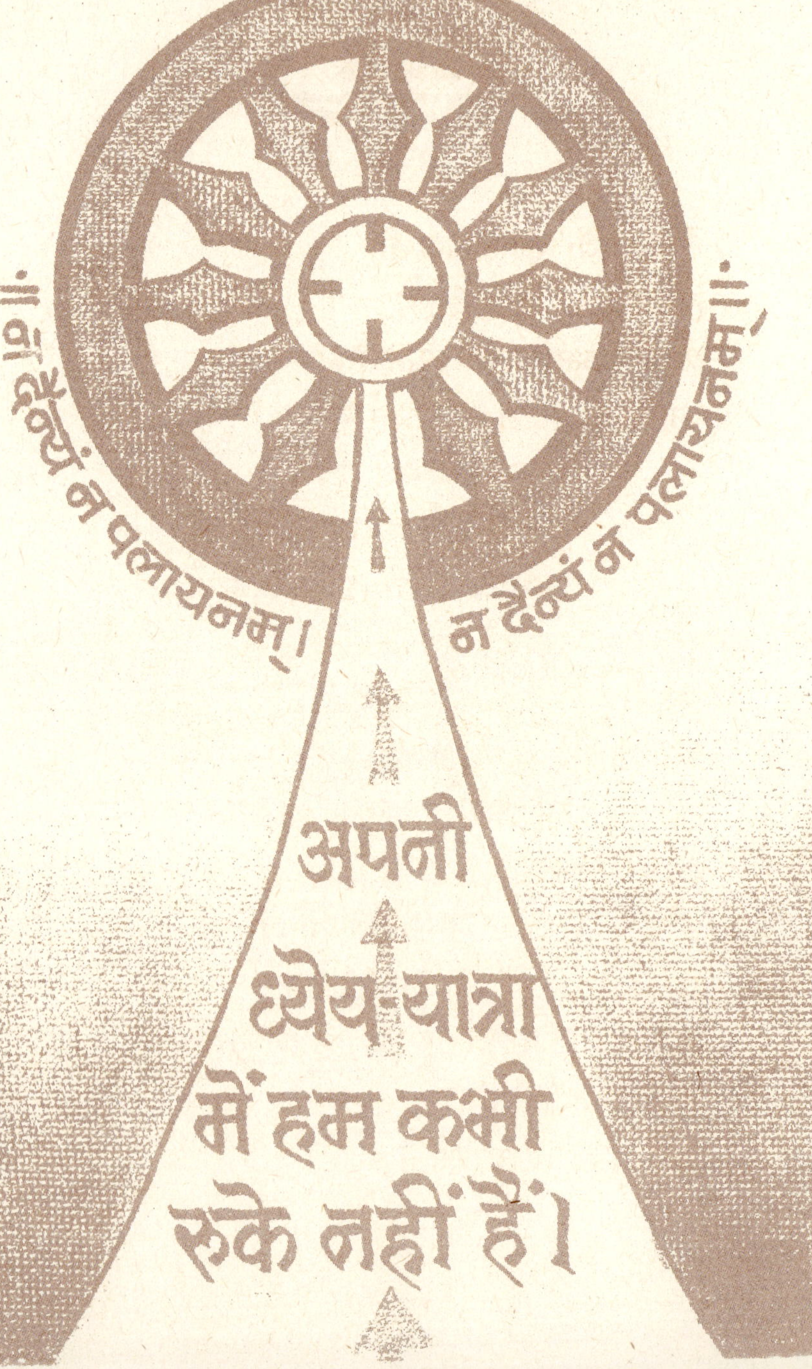
॥ न दैन्यं न पलायनम्। न दैन्यं न पलायनम् ॥
अपनी
ध्येय-यात्रा
में हम कभी
रुके नहीं हैं।

न दैन्यं न पलायनम्

कर्तव्य के पुनीत पथ को
हमने स्वेद से सींचा है,
कभी-कभी अपने अश्रु और—
प्राणों का अर्घ्य भी दिया है।

किंतु, अपनी ध्येय-यात्रा में—
हम कभी रुके नहीं हैं,
किसी चुनौती के सम्मुख
कभी झुके नहीं हैं।

आज,
जबकि राष्ट्र-जीवन की
समस्त निधियाँ
दाँव पर लगी हैं,
और
एक घनीभूत अँधेरा—
हमारे जीवन के
सारे आलोक को
निगल लेना चाहता है;

हमें ध्येय के लिए
जीने, जूझने और
आवश्यकता पड़ने पर—
मरने के संकल्प को दोहराना है।

आग्नेय परीक्षा की
इस घड़ी में—
आइए, अर्जुन की तरह
उद्घोष करें—
'न दैन्यं न पलायनम्।'

□□□